JN225998

「自分史」

パンツ一丁からの出発

吉田ヒロミツ

ヒルトップ出版

自分史　家を買う為に　「パンツ一丁よりの出発」——目次

前書き

昨年友人の奥さんより喪中ハガキが届いた。私は驚き、五十年ぶりに高校時代の友人宅を訪ねた。

驚いたことに、五人以上の友人が亡くなっていた。高校時代、親しかった友人宅にも行った。友人宅付近の地形は見事に様変わりして家もなく、完全な更地であった。

私はその地区の自治会長に友人のことを聞いたところ、両親が既に亡くなり、友人も既に亡くなっていることを初めて知った。

私はそこで、生あるもの、いずれ、その生の限界があることを悟った。そこで、今回思い切って、自分の歴史をまとめようと決断した。

生い立ち

私は昭和二十五年福岡県久留米市で生を受けた。父は農機具の販売店を経営していた。

私には、弟が一人いた。その弟は、知的障害を持っていた。

私が六歳のころ、父が連帯保証人になって、家、土地は銀行に差押えされた。詳しい事情は分からないが、私の父と母はそれが元で離婚して、私と弟は父が育てた。

今思えば、よく祖母（父の母）が引っ越し先の家に来ていたが、私たち兄弟二人を育てるために、来ていたと思う。しかし、そこから私の波乱万丈の人生が始まったと言っても過言ではない。

小学校時代

小学校は、昭和三十二年荘島小学校に入学した。小学校時代の思い出は、余り覚えてはいないが、私の初恋は小学校四年生の時だった。その時は、愛とか恋とか分からず、ただ単純にその子が可愛かったから、好きになった。その子は高校卒業後、久留米市内の銀行に勤めた。そして、二十代の始めに結婚したそうである。

私は、一度だけその子が、銀行で制服を着てテキパキと仕事をしている姿を遠くから見ていたことがある。制服の似合う子であった。

また、小学校高学年の時に、近所のお兄さんに真夜中に運動会見物席の一番良い場所をとってもらっていたが、用務員さんから追い出されて帰ってきたことがあった。

近所の友人Kと遊んでいたら、いつもその子のお母さんが、その子を迎えに来た。余りにも、頻繁なので、その友人に「なぜ、君のお母さんは僕と遊んでいたら、迎えに来るの？」と聞いたら、その友人のお母さんが、私と遊んではダメと言ったという。それを聞いて私はショックだった。

私の友人Ｃの自宅に私はよく遊びに行った。そこのお父さん、お母さんは、魚の行商をしていて、いつも留守だった。

私は、その友人宅でよくご飯を食べさせてもらった。ご飯に味噌汁をかけて食べた。

人の暮らしには格差があることを知って複雑な思いをした。この話を妻にすると、行儀が悪いと叱られた。

中学時代

やがて、中学に入り祖母は本家に帰り、私と弟と父の三人の生活が始まった。

中学生になって勉強はせず、少々ぐれていた。学校の試験は、ほとんどがゼロ点だった。一年生の終わりの日に担任の先生から宿直室に呼ばれ「こんなに点数が悪ければ、高校にも行けない。まして病弱な弟さんは、誰が面倒を見るのか」と涙を流して、言われた。そこで私は、自分の愚かさを悟り、勉強をし始めた。

二年生の中間テストは、学年全体四六〇人中五〇番ほど上がった。期末試験もさらに、五〇番ほど上がった。当時、毎日三時間以上予習復習を中心に、勉強した。三年生になり、さらに成績は学年順位が、四六〇人中一〇〇番前後まで上がった。クラスで一〇番前後になった。不思議なもので、成績が上がれば、付き合う友人も変わってきた。また、通信簿の生活態度も向上してきた。その時、私は勉強するということは、自分の頭もよくなるし、付き合う友人も変わるし、近所の人の私を見る見方が変化してくるものだと思った。

やがて、弟は病院に入院し、私と父だけの二人の生活が始まった。中学一年生の時に、二度目の引っ越しをした。そこは長屋みたいな家で、隣の家族の話が聞こえるような家だった。雨が降ると雨漏りがするし、余りにも雨漏りがひどくなったので、天井にシーツを画鋲で刺し、そのシーツの真ん中に重りをのせて、包帯のような紐で、大きなタライに雨水がたまるようにした。洗濯物を干す場所がなく、家の中に干した。

食事は近所の駄菓子屋さんが、おにぎりを売っていたので、それを毎朝三個ずつ食べた。夜は久留米の給食センターより、温かいご飯とおかずを毎夕方、配達してもらった。

私は父と銭湯に行くのが楽しみだった。お風呂上りの一本のヤクルトを飲むことが楽しみだった。しかし、父は家に帰ってきて、水道の水を飲んでいた。そのような、子ども思いのやさしい父だった。

また、盆とお正月には、病院から、一時退院してきた弟と私と父と三人で、父の本家に呼ばれ、ご馳走を食べることが楽しみだった。お正月とお盆には、親族約二十人前後集まり、大賑わいだった。

また、新聞配達もした。当時、高校野球夏の甲子園大会で、市立久留米商業高校が準優勝をして、甲子園より久留米駅に帰ってきてから、市内パレードをした。私は、新聞配達の関係でトラックに乗って、そのパレードに参加した。上空ではヘリコプターが三機ほどきて旋回していたことを、鮮明に覚えている。その後、商店街を中心に高校野球の写真グラフを売ってまわり、そのお金で、高級雨カッパを買ったことを覚えている。また、中学校の男同士の友人で、可愛い女の子の自宅前を夜自転車で回った。中学校三年間は、あっという間に過ぎ去って、私は普通高校に行きたかったが、父の勧めで工業高校を受験した。

高校時代

昭和四十一年、福岡県立浮羽《うきは》工業高等学校に入学した。浮羽工業は創立百十年以上ある伝統ある高校であり、明治時代には、校舎を浮羽工業高校の生徒が建築したと聞いた。私は、久留米市から、田主丸《たぬしまる》にある高校にバスで通学した。また、田主丸町は周辺に田んぼが多く、田んぼの真ん中にできた町であり、人情味のある想い出深い町であった。私は、入学して一年生の時にはほとんど勉強せず遊び回っていた。故に成績は、最下位グループの一人だった。一年生の夏休みに、バナナのたたき売りのアルバイトをやった。一房百グラム当たり十円まで値下げするが、始めはグラムあたり二十円で売り出した。バナナを売る口上が上手だったせいかよく売れ、いつも完売していた。

二年生になる時、成績が悪くて進級できない可能性がでてきた。父が夜、先生の自宅を回って話をしてきたらしい。我々のクラスは、まともに言えば、六人落第する予定だったが、四人が本当に落第した。そして、上級生の二人が落第してきた。私は、落第というのが身近に本当にあることに驚いた。私は、ようやく二年生になったが、やはり勉強はせず遊び回っていた。授業中、教室を抜け出し、田主丸町で一軒だけあるパチンコ屋に行った。十八番台の右側のおとしに玉がいけば必ず入り、チンジャラチンジャラと玉が出てきた。パチンコ屋で稼いだお金で、学校の帰りに不良が集まるお店に行き、たばこを吸ったり、饅頭を食べたりしていた。

ある日、やはり学校の授業中に抜け出して、パチンコをしていたら、背中をポンポンとたたく人がいた。振り返って見たら、制服姿の警察官だった。私はびっくりして、交番に連行される途中逃げ出した。警察官から追いかけられたが、他人の家に庭から上がり込み、そこのおばあちゃんが一人こたつに入っていたところ、そのこたつに潜り込み「変な人に追いかけられているから、助けてくれ」と頼んだ。もし、警察官に捕まっていたら、絶対に退学させられるのは、間違いのないことだった。

三学期になり、生徒会長に立候補したらどうかということが、クラスで巻き起こり、生徒会長立候補のポスターまで、級友が作ってくれた。そうするうちに、担任の先生から呼び出しを受けて「お前は浮羽工業の恥だから、立候補するな。取りやめたら、進級させてやる」と言われた。私は家に帰り、父に相談した。三年生に進級させてもらえるなら、立候補を取りやめたほうが良いと助言された。私はしぶしぶ立候補を取りやめて、進級の道を選んだ。

三年生になってからも、相変わらず勉強もせず遊び回っていた。三年生の夏休みには、シルバー編み機のセールスのアルバイトをやった。セールスのおばさんたち九人中、シルバー編み機ＳＫ３０３を営業所内で、二番目に多く売った。販売店の店長から学校を卒業したら、会社に入社してくれと言われた。私は、セールスの成功する秘訣として、まず、売る製品を好きになること、二番目にその製品の需要が多い所、つまり、大病院の看護師さんの女子寮、工場関係の女子寮に入り込み、売りまくった。しかし営業所内で、毎月二番目に多く売っていたセールスのおばさんから、怒られた。

そこで得たお給料でバイクを買った。それからは、バイクで久留米市内を乗り回したり、田主丸町を乗りまわしたり、友人の家に行ったり、行動範囲が大幅に拡大した。三年生の十月頃、バイク四、五台で、やまなみハイウエイを走行中転倒して、湯布院の病院に三週間ほど入院した。入院生活で、分かったことは、家には母親がいないので、看病も思うようにいかず、父が時々、面会するだけだったので、交通事故等々には、特に気を付けようと心に強く思った。二学期の冬休みに、パスポートを取って、沖縄を自転車で行った。沖縄市の糸満町の高校で寝ていたら、口元がムズムズするので目を覚ましたら、ゴキブリが口元をかじっていた。

沖縄を走行中、米軍基地を写真撮影しようとしたら、基地の人に怒られた。しかし、沖縄を一周することが出来た。内地（本土）に帰る時、お金が足りず、行きは乙姫丸という船に乗ったが、帰りは沖縄丸という貨物船の舟底で牛や豚たちと、二十四時間一緒に乗っていた。船が余りにも揺れるので、私は何も食べられなかった。

唯一の救いは、免税店でジョニ黒ウィスキーを一本買い、大事に持って帰ってきたことだった。

鹿児島について、ユースホステルに行った。二十四時間何も口にできなかったので、お腹がペコペコだった。翌朝、六時頃お腹がすいて食堂に行ったら、六人分の食事が用意してあった。私は、自分のご飯とおかずを食べたが足りず、おひつの中のご飯六人分を茶碗によそい、味噌汁を振りかけ、五人分のおかずを除いて、全部食べてしまった。後で起きた人はびっくりしたと思う。私はそのままユースホステルを出て、西鹿児島駅へ行こうと思いヒッチハイクをした。向こうの方から、ダッダッダッと大きな音を出しながら、三輪車がやってきた。よく見たら、汲み取り専用の黄金車だった。私は、運転手の横に座ったが、その運転手から「この三輪車でヒッチハイクをされたのは、初めてだ」といわれた。確かにうんちの臭いが、運転席まで充満していた。

久留米に帰ったら、父がたばこを吸いながら、テレビを見ていた。不思議とその光景が目に焼き付いている。帰宅して早速、ジョニ黒ウィスキーを久留米市のバー街に売りに行ったらすぐに売れた。そのお金で、セイコー腕時計のファイブを買った。

浮羽工業には、学年で七人ほどの女子生徒がいた。その内の一人から、マリア様の像が描かれている絵をもらった。二人で放課後、いろいろな話をした。話の内容はほとんど忘れてしまったが、いよいよ三学期になり、就職活動に皆目の色が変わってきた。当時、会社の平均給料は二万円弱だったが、A社だけ三万円と書いてあった。ある友人は「自分は絶対にA会社に行く」と言っていたことを思い出す。彼はその後、A社に就職が決まり、車で通勤していると年賀状に書いてあった。クラスの仲間が、全国に就職でバラバラになってしまった。私は高校三年間ほとんど勉強していなかったが、大学の経済学部か経営学部に入りたいと思っていた。

自衛隊も好きだったから、自衛官になってもよいなあと思っていた。ある日、銭湯に行ったとき、「自衛官募集、夜間大学通学可」と書いてあるポスターを見た。私は、全身がしびれ〝これだ！〟と思った。九州出身者の自衛官の教育は、長崎県の相浦で教育を受ける義務があったが、父が東京都内の知人に頼んで、住所を東京に異動し、神奈川県横須賀市にある陸上自衛隊第一教育団に入校する予定であった。

しかし、三学期の後半、予想外の出来事が起きた。それは、授業時間中に他のクラスに生意気なやつがいるので、一人で殴りこんでしまった。私はすぐに取り押さえられて、謹慎室に入れられた。そこで、三学期の卒業期末試験を受けたが、結局は赤点で落第の可能性が非常に高くなった。卒業する日の直前に追試験を受けたが、それも結局赤点だった。私は内心、落第しても再度学校に来ようと思っていた。その後先生から呼び出され、「お前は追試験でも赤点だけど、学校を辞めるか、落第しても学校に来るか?」と聞かれた。私はすぐさま「来ます、もう一度三年生をやります」と答えた。すると先生から再度「謹慎室で待っていなさい」と言われ、その後二時間程たってまた呼び出され、「お前に卒業証書を渡すから、卒業式に参加しろ」と言われた。これは後日談であるが、私のことで職員会議が開かれ、落第させるか、卒業させるかで、論議があったそうだ。その話の中で、「あんな悪ソ(悪い奴)は、早く学校を卒業させた方がよい」という意見におさまったそうである。また、ある先生は「自衛隊に行くな、お前を民間会社の技術職員として入社させるから」と言われた。その時、私は先生方のことも守ってあげるから、自衛隊に行きます」とハッキリ答えた。

後日であるが、半年ほどたって自衛官の制服、制帽で学校に遊びに行った。その時、入隊に反対された先生から「自衛隊はどうかい?」と聞かれた。私は「自衛官になって、毎日が修学旅行のような気持ちで、朝、昼、晩、同期生たちと一緒で楽しいです」と答えた。その先生は、「お前は自衛隊に入って、本当に良かった」と言われた。級友で就職したものの中では、二、三か月で退職した者、どこに行ったか分からない者もいたそうである。

陸上自衛隊入隊

昭和四十四年四月、私は神奈川県横須賀市陸上自衛隊武山駐屯地第一教育団一〇四大隊三〇七中隊四区隊一五班に配属された。

国鉄（当時はまだ民営化されておらず、今のJR）久留米駅で父や当時アルバイトをしていた会社の従業員の方々が見送りにきてくれた。

私は、いよいよ自衛隊に行くのだと思い少々不安だった。しかし、従兄が大阪で仕事をしていて、あの従兄が仕事をやれるのだから、自分にもできると心の中で思った。また、私はどうしても土地を買いたかった。特に、父が連帯保証人で差押えさせられた、私が生まれて育った土地を買い戻したかった。

自衛隊に入隊して、パンツ以外全部、今まで着ていた学生服等を久留米の実家に送り返した。送り返した洋服の代わりに制服、制帽、ワイシャツ、ネクタイ、ステテコ、靴下、靴まで官品が支給された。自衛隊での生活は、朝六時起床、朝食後八時国旗掲揚、自衛隊体操、団体行進、敬礼の仕方等、自衛隊の基本中の基本を学んだ。また、精神教育の時、近代的な中隊長殿が教授してくれた。私はその精神教育に心より感銘し、自衛隊に入隊して良かったと思った。また、三〇キロ行軍では、ヘルメットの顎紐から、汗が流れ落ちる経験もした。課業終了後、風呂に行くと、五メートル四方の風呂釜が四つばかりあり、新入隊員は全て、坊主頭でイモが風呂桶に浮いている感じがした。

唯一の楽しみは、一週間に一度の外出日で土曜、日曜のどちらかの一日だけであった。私は同期生と共に、横須賀市内に遊びに行った。おこづかいは、一週間千五百円で、それも金銭出納帳に記入して、班長の認め印をもらった。月給は毎月十八日で、残りのお金は貯金した。武山駐屯地での前期教育は三か月間であり、あっという間に過ぎた。後期教育は、埼玉県の朝霞駐屯地で教育を受けた。後期三か月間は、専門職種に分かれて、教育を受けた。機甲部隊（昔の戦車隊）に行った者もいる。私は、普通科部隊（昔の歩兵）に行った。そこで、普通科部隊としての教育を受けた。

朝六時起床することは今までと同様だが、朝霞駐屯地では、銃剣道、戦闘訓練、実弾射撃、富士野営訓練を受けた。ここでどうしても、書き留めておきたいことがある。八月、暑い日に富士訓練場に行った。私は夏場なので、ピクニックのつもりで行った。しかし、夜間気温が下がり、ガタガタと震えてきたことを覚えている。富士山は、夏場でも軽く見てはいけないと思った。

銃剣道免許を取得する大会では、仲の良い同期と組み、相手が打ちやすいように、胸を大きく開けた。お陰様で、銃剣道初段の免許状は二人共、無事にもらった。また、射撃訓練では、弾痕表示係になった時に、二メートル四方の厚さ一〇センチの木の枠に弾着専用の紙を貼り、我々は地下に入り、木の枠だけを地上に出した。二〇〇メートル後方から「撃て」との命令により、射撃開始後、着弾点検の時に私は驚いたことが一つある。一〇センチ幅の木の枠に弾が貫通していた。もし、人間に当たっていたら、確実に死ぬだろうと思い、ギョとした。また、昼食時に並んで食べた後、再度また並び二度目を食べた。当時は訓練が厳しく、お腹もすくし、食欲も大いにあった。やがて、三か月間の後期教育も終わり、一般部隊に配属された。私は一般部隊に配属された後、夜間大学受験のために池袋の予備校に行き始めた。予備校では自習室もあり、よく勉強もしたし、講師の先生方もわかりやすく教えてくれた。そこで、私は運命的な出会いがあった。

運命的な出会い

最初、彼女と会話した時に、「ババシャンみたいな声をしている」と言った。ババシャンとは九州では、おばあちゃんという意味である。咄嗟にその言葉がでた。その後、予備校に行き、授業や自習を我ながら、よくやったと思った。やがて、受験シーズンとなり、私は青山学院大学と中央大学と法政大学を受験した。私は内心、青山学院に合格していると、自信マンマンであった。合格発表日に見に行くと、私の受験番号がのってなく、不合格であった。私はショックでしょぼくれていた。とその時、予備校でババシャンみたいな声をしている女の子も見に来ていた。彼女も不合格で結局、青山学院は二人共、不合格であった。私はその時に、彼女に話しかけた。彼女はババシャンみたいな声をしていることを言われたことを覚えていて、最初はケゲンそうであったが、しばらく話しているうちに、親しくなった。私は、青山学院が不合格なので、気持ちがもやもやしていた。

と、その時、九州の父から電話があり、中央大学経済学部二部に合格しているという連絡があった。私は飛び上がって喜んで、早速、入学手続きを終えた。そして、彼女に連絡したら、彼女も東洋大学文学部教育学科二部に合格したとのことだった。それから、私たちは職場と夜間大学の通学が始まった。

私は、昼間は陸上自衛官、夜は学生、率直に言って訓練が厳しく、夜の大学に通学することが、困難になってきた。富士山訓練所に二週間程度訓練に行くたびに、学校を休まざるを得なかった。正直に言って、人間関係にも隊内で軋みが出てきた。同期の仲間や一部の上官は励ましてくれたが、私自身悩み苦しんでいた。もちろん、自衛隊は好きで退職したくない。しかし、夜間大学には毎日通学できない。心の葛藤があった。

自衛隊退職

そこで、思い切って自衛隊を退職した。自衛隊を退職し、その後しばらくして、午後二時で終わるアルバイトを始めた。二時からは、大学の図書館に行き、授業開始の五時半まで勉強して受講した。

私は、大学に行きたくない日もあった。その時はいつも、自分自身に何のために自衛隊を退職したのか、大学に行くためだろうと自分に言い聞かせて、毎日講義にでた。講義はいつも一番前に座り、先生の話を熱心に聞き、勉強もしたつもりである。彼女とは、二週間に一回程度池袋の喫茶店で会って話して彼女からは、いつも励まされた。また、自衛隊の仲の良い同期とは、時々会って、お酒を飲んだりしていた。アルバイト先は自分の下宿から、大学に通う先の駅の近くにあって、昼食も付いていた。時給は正確には忘れたが、二百円前後だったと思う。通学定期代は、アルバイト先からもらった。高校時代と違って本当に、毎日毎日、図書館に行き勉強した。

やがて夏休みになり、昼間は二時までのアルバイト、夕方からは宿直のアルバイトをした。一か月でアルバイト収入が、六万円程度になった。私は土地を買いたいために、収入の一割は自衛隊時代から貯金していた。夏休みのアルバイトの給料で、四国に行った。四国は急行列車に乗り、四国に近づくにしたがって、電車内の方言が徐々に四国なまりになってきた。若い女の子が言葉の終わりに「もし」と必ず、発言する。私は、これが方言だと思った。その記憶が鮮明に残っている。

道後温泉に行ったとき、もっと田舎にあると思っていたが、町の真ん中に道後温泉の建物があることに、意外な感じがした。

冬休みはアルバイトをして、真冬の北海道に行った。北海道では、旭川、釧路、根室では、ロシアが占領している水晶島が根室半島の先端から、肉眼ではっきり見えた。網走にも行った。そこで、網走刑務所前で写真を撮ったことを今でも覚えている。網走から、野付半島にも行った。一面が雪で、道路が見えなくて、電信柱の電線の下を歩いて行った。

旅行が終わって、また、大学に行き始めた。大学の友人は会社に勤めているために、ボーナスをもらったと聞き、私は内心、昼間も固い仕事に就こうと思った。彼女に相談したところ、彼女は「あなたは、椅子に座ってやる仕事に向かないから、水道のメーターを見て回る仕事をやったらどうなの？」と言われた。

外回りの仕事に就いて

彼女には就職の願書を出してもらい、合否の発表まで見に行ってもらった。

それから彼女から「合格しているよ」との電話があり、私は四月より、水道のメーターを見て回る仕事に就いた。メーターを検針中、犬が「ワンワン」と吠えるので、メーターボックスを開ける棒で犬の頭をこつんと叩いた。当時の仕事は半年一回のメーターボックスのメーターを検針することだった。半年後、またその家に行ったら、その頭をたたいた犬が私のことを覚えているかなと思い、ゆっくりと行ったら、その犬が私の顔を見るなり牙をむき出し、目の色を変えて、半年前の恨みを晴らすかのように、吠えてきた。私はその時に恨みをかうようなことは、やってはいけないのだと、つくづく思った。

また、当時はバブルの最盛期であり、土地の値段が上がり、メーターボックスの一部が隣の家にはみでていることだけで、隣の人と対立している家もあった。また、材木類が高騰して、材木屋が材木を買い占め、メーターボックスの上に山ほど積み上げていたため、材木をどかすのに三十分ほどかかったことを覚えている。こういう仕事をやりながらも、夜学には毎日通学した。

給料日には、必ず郵便局に行き、振込用紙で貯金した。ある日、郵便局の人から「郵便局にも貯金してください」と言われたが、「おたくは債券貯蓄の利子が八・三パーセントを出せますか?」と逆に聞いた。とにかく私は、土地を買う為に、一生懸命貯金をした。四年間ほど、水道のメーター検針の仕事をやり、次は水道料金の収納関係の仕事をやった。

収納関係で一番記憶に残っていることは、大型ホテルが火災になり、多くの死亡者がでた。そこの水道料金はなんと長期間未納であった。私は、ホテルの火災発生三か月ほど前に、未納料金全額を徴収した。その時ばかりは、部長から褒められ、感謝状ものだと言われた。もし、未納のまま火災になっていたら、高額の水道料金が未収入になっていたと思う。

かれこれ、四十年間そのような仕事をやり無事定年退職できたことは、四十年前、彼女が私の性格に合致した外回りの職種を選んでくれたこと、また、職場の皆様方のお陰であると思う。また、水道事業主そして、労働組合のお陰だと、今でも心より感謝している。

結婚

私は、昭和五十年九月に結婚式を挙げた。

彼女は既に記述したが、英進予備校でババシャンみたいな声をしてると言った彼女であった。私たちは青山学院を不合格となり、私は最終的に、中央大学夜間部経済学部経済学科に入学した。彼女は東洋大学夜間部文学部教育学科に入学した。私たちは二週間に一度程度会った。主に池袋の喫茶店、お茶の水の喫茶店でおしゃべりした。彼女はいつも笑顔で明るく、よく「絶対」という言葉を発した。私はフランスの国王ルイ十六世の〝絶対主義〟を連想していた。また、いつも帰り際には「頑張ってネ」と何度も言うので、あるデートの時に「頑張らないでネと言ってくれ」と頼んだ。頑張らないでネと言われると、不思議と頑張るようになった。

ある日、彼女の自宅に遊びに行った。今でも覚えているが、イチゴをつぶして、牛乳と砂糖を入れて食べさせてもらった。私はその時に、これが文化的な生活なのだと思った。彼女のお父さんは心の優しい良い人で、毎日毎日英語で日記を書いていた。私と義父とは、気が合いよく笑顔で話をしていた。それ以後は、私自身、ちょくちょく彼女の家に遊びに行くようになった。今まで、二週間に一度会っていた回数が毎週会うようになった。私は彼女の職場の終了五分前に毎日電話をしていた。彼女は職場の人に「五分前の人から電話よ」と言われたそうである。このような状態が約五年以上続いた。私たちが当然結婚することは、既定の事実であった。

結婚式は面白い結婚式であった。仲人が、中央大学の日本経済論の教授で、その教授が大学の校歌を歌うときに、大きい声で、五~六人の集団で歌った。また、私が自衛隊出身なので、同期生が制服制帽で自衛隊の隊歌を大きな声で歌った。ある新婦側の祝辞で「とんびが油揚げをさらっていった」と発言されたときは、一同大笑いした。親族代表挨拶で、私の父が、大変心のこもった、子を思う親の気持ちがにじみ出た話をしてくれた。その後、式が終了して、私たちは新婚旅行に出発した。東京駅で私の友人が音頭をとり、万歳三唱をしてくれた。当日は名古屋に泊まり、翌日、島根県の米子港から船に乗り、隠岐の島に行った。途中、波が荒く船が大きく揺れて、私は船酔いをしてもどしたことを覚えている。隠岐の島では疲れてぐっすり眠り、翌日は島流しされた後鳥羽上皇のお墓を参拝した。島を歩いて回り、お魚が美味しく、その味は今でも覚えている。

結婚式と新婚旅行が終わり、私たちは川口市内のアパートを借りた。そこから、新婚生活の第一歩が始まった。結婚して今年で四十三年目だが、夫婦とは、二十代は愛、三十代は努力、四十代は忍耐、五十代はあきらめ、六十代以降は感謝に変わるということわざがあり、今では、時々けんかもするが、子どもも独立して、二人仲良く暮らしている。

子どもについて

私たちには三人の子どもがいる。長女、次女、長男である。長女は、昭和五十五年一月一日に生まれた。私は長女が生まれるとき、産婦人科の空ベッドで寝ていた。除夜の鐘の〝ゴーンゴーン〟という音を聞きながら、何故私は、産婦人科の空ベッドに寝ているのかと思った。長女は一月一日無事に生まれたのだが、子どもの性格は母親のお腹の中にいるときから、決まっていると思う。

妊娠中、妻はよくお腹がすいたと言って、冷蔵庫の前に座り込んで、りんごやバナナ等を食べていた。私は、何故、座り込んで食べているのかと聞いた。すると妻は、お腹がすき過ぎて眠れないと言った。生まれた長女は体重が三八六〇グラムあって、他の赤ちゃんと比べて、確かに身体が二回りは大きかった。生まれてすぐ、ミルクを二〇シーシーあげたが、すぐに泣き、また二〇シーシーを飲んだ。よく飲み、よく食べる子だった。長女が一歳半のころ私と長女二人で、うどん屋に行った。長女はうどんをペロリと食べ、汁まで飲んだ。食べた後、お腹のボタンが留められず、私は驚いた。

やがて東京に引っ越し、毎朝私が保育園に連れて行った。ある日、保育園で運動会の練習をしているらしく、長女は私に、朝別れるとき「フレーフレーお父ちゃん、頑張れ頑張れお父ちゃん」と応援して送り出してくれた。これには、保育園の先生も口を開けて〝まあ〟というような顔をしていた。長女は小学校一年生になり六年間、そして中学校の三年間、一日も学校を休まなかった。高校ではバスケット部に入り、技術は上手くなかったが、バスケットチームのムードメーカーとして、関東大会に出場することもあった。

次女は昭和五十六年七月に生まれた。妊娠四か月の時に妻は切迫流産で、約一か月間入院した。この間は絶対安静で、ベッドから一メーター以上離れなかった。トイレもベッドの脇で済ませた。風呂にも入れず、本当に心配で苦しかったが、やがて容態も安定し、無事に生まれた時には、私たち夫婦は涙を流して喜んだ。次女はその後すくすくと育ち、毎日元気に保育園に通園した。

小学校二年生の時に昭和天皇が亡くなった。昭和天皇をお見送りするときに、誰も教えたことではないが、次女は両手を合わして「昭和天皇様、長い間ありがとうございました」と言った。私は驚くと共に、この子は賢い子だなあと思った。

高校一年生の二学期の後半には突然「ノルウェーに交換留学したい」と言い出した。そして、ノルウェー語を一生懸命勉強していた。ところが、ノルウェーに行く二か月前、突然その話が中止になり、ドイツなら留学できるとの連絡があった。その二か月間でドイツ語を勉強し、ドイツの高校に一年間留学した。私は時々、お金を送金したが、実務的なことが分からず銀行の為替担当者にお手数をおかけして送金した。また、ドイツに電話した時、ドイツ語が全く分からず、「ジャパニーズガール、OK?」と話し、次女と国際電話で話した。次女は、ドイツでホームステイをしながらドイツの高校に行き、単位を無事に取って帰国した。一年間の異文化体験は彼女にとって、大きな収穫になったと思うが、私にとっては、一年間はハラハラドキドキの毎日だった。とにかく、無事帰国して安心した。

長男は昭和六十年十一月に生まれた。私は産婦人科に行って、看護師さんより〝おめでとうございます〟と甲高い声で言われた時に、これは待望の男の子が生まれたと思った。病室に入り、確かに男の子だと分かり、思わず無意識に土下座をし、正座をして、妻に「ありがとう」と言った。そして、自宅に帰り、九州の実家に電話した。父が「どっちだったね?」と聞いたので、「男の子だよ」と言った。すると父は「本当ね!」と嬉しそうに、飛び上がって喜んでいる声だった。一か月くらいして、すぐ上京してきた。父は孫の顔をしみじみと見つめていたことを今でもはっきりと私は思い出す。

やがてその子は保育園に行くようになり、私が三人の子を十二年間毎日、雨の日も風の日も、この手で、確かに保育園に預けて職場に行った。夕方のお迎えは妻が毎日行ってくれた。ある日、何かの都合で私が迎えに行ったときに、先生から「お坊ちゃまを、大切にお預かりしていました」と言われた。また、上二人の娘から「お父さんは弟ばかりを可愛がる」と言われた。私には、そういう気持ちはなかったが、結果的にそうであったかもしれない。長男は甘えん坊だったがすくすく育っていった。高校三年間、不思議と通信簿は見せなかった。ただ私は、授業料だけを支払っていた。学校の話を聞くと、いつも決まって「まあまあ」「普通」としか言わなかった。その息子に私は、自分の経験談等をよく話した。

やがて、息子は消防官になると言って、高校卒業後、専門学校に行った。そして、やっとの思いで消防士採用試験に合格し、消防学校に泊まり込みで、半年間入校した。半年後の卒業式に、私は学校に行ったが、その時に、余りにもたくましく、男らしく、頼りになる人物に育っていたということに関して、消防学校の教育に心より感謝した。現在は救急救命士として、救急車に乗り、毎日頑張っている。

妻について

妻は、昭和二十六年三月に生まれた。八人兄弟の末っ子で、七人目と六歳の差があり、小さい頃は、相当に皆に可愛がってもらい育ったらしい。義父に聞いたのだが、食堂に行くといつも一番高い食べ物を注文して親を困らせ、家では一番おいしいところをつまみ食いしていたらしく、チャッカリとしっかりが同居していた。高校時代は生徒会の執行部に入り、活動する明るく活発な女の子だったらしい。私と知り合った当初は、私に真正面から議論してくる女性だった。私も時々、タジタジになりながらも反論した。ある日彼女の自宅で、食事をご馳走になり、私は内心、私の昔の生活と比べたりしていた。

やがて結婚を意識するようになり、二人で彼女の高校時代の先生宅に挨拶に行った。その時、先生から「君にはもったいない」と言われた。また、結婚式で、彼女の職場の上司には「トンビが油揚げを持って行った」と言われた。

四十年以上前の話だが、明確に覚えている。

やがて、三人の子どもに恵まれた。彼女は規則正しい生活をして、朝七時には、朝食を摂った。保育園へは、朝は私が送りに行き、帰りは彼女が迎えに行った。そして、夕食は七時、その後入浴し、夜九時には、子どもの歯を磨いてやり、絵本を読んで寝かせていた。この生活パターンが十年以上続いた。もちろん、私も協力した。今思えば、あの当時が一番楽しく、毎日が充実していたと思う。長女が小学校、中学校に一日も休まず、元気に通学した。これも、妻のお陰だと思っている。

今では、三人の子どもも独立して、私たちは夫婦二人の生活であるが、孫のことで、子どもから「お母さん来てくれ」と言われたら、私を放り出して、飛んで行っている。また、私の田舎で私の子どもの頃の悪ソ（悪い奴）を知っている従兄に「何故、四十年間も一つの仕事を続けられたのか？」と聞かれたので、私は「妻のお陰だよ」と言ったら、瞬時に別の従兄二人から「ソウテ（そうだ）」と言われた。私の親戚は四十年間勤めた理由をよく知っているものと思った。

ある日、私は彼女に「何故、私の求婚を承諾したのか？」と聞いた。彼女はデートの時、私の話を聞いて「この人には、私が必要だし、私以外にはいないと思って承諾した」と言った。私はこれが男女の運命的な出会いだと思っている。

父について

父は私たち兄弟二人にとっては、やさしい父親だった。小さい時、よくオートバイの前に乗せてもらい、遊びに行ったり、神社にお参りに行ったりしていた。

ある日、遊園地に父と私と弟の三人で遊びに行った時、ジェットコースターがあった。私は一人で一番前に乗り、父と弟は中間の所に座った。やがて、ジェットコースターが山に上がり、下る時に、一番前の私は振り落とされかかった。それ以後、今日までジェットコースターは乗れなくなってしまった。また、田植えの時期に本家に手伝いに行って、休み時間におにぎりを食べたのが美味しかった。クリスマスには、大きなケーキ、また、洋服や下着を買ってくれた。お正月には、父は十二月三十一日にしめ縄等を買いに行き、その時が一番安く買えると言っていた。

やがて私が中学、高校になると、父が私のことで、学校に何度も呼び出されることがあった。高校三年生の頃、父は学校に呼び出されて、職員室から出てきたときに、顔色が悪く、私はその時は反省した。やがて高校を卒業して上京し、私は水道のメーター検針の職に就いた。

父は六十五歳まで仕事をしていたが、定年で退職した。中小企業で退職金は少なく勤務年数が短く、年金のみでは生活が困難であった。私は仕送りもした。カードを父に渡し、通帳は私が持ち、父がカードで私が送金したお金を使ってくれた時には、嬉しく思った。その父も八十一歳の頃、腰が痛いと言って入院し、やがて八十四歳の時に本当に眠るように亡くなった。私は本家の従兄と二人で見送った。今でも時々、父の夢を見る。いつも夢の中で「頑張ってネ」というやさしい父が出てきた。私は涙で枕が濡れていることを、何度も経験した。

弟について

弟は平成十四年一月四十九歳で亡くなった。この世に生を受けた時から、知的障害のある状態であった。私たち兄弟は、父と母が離婚したあと、父に育ててもらった。私が小学校六年生になるころまで、父方の祖母が、私たち兄弟二人の面倒を見るために、絶えず家に来てくれた。私が中学生になるころには、二歳年下の弟は病院に入院した。

父は弟が入院して以降、毎週日曜日には、弟の好物の稲荷すし三個と桃のジュースを持って病院に行った。弟は「父ちゃん、父ちゃん」と完全に父ちゃん子であった。私は、父とお見舞いに行った帰りに、弟が可哀そうで涙が出た。やがて私が東京に上京して、時々、久留米に帰って、父と二人で弟を見舞いに行くと、必ず弟に「兄ちゃんは誰と東京に行くのか?」と聞かれた。私は「一人で東京に仕事に行くよ、父ちゃんは弟のそばにずーといるよ」と話した。何度も同じことを聞くので、何度も同じことを繰り返して話した。私は上京する時は弟の分まで、二人分頑張ろうと思った。

やがて平成十四年一月に亡くなったが、亡くなる三、四年前から、目が見えない状態であった。私はお葬式の時に親族代表の挨拶をした。弟が、余りにも可哀そうな一生だったので、涙が止まらなかった。

弟が亡くなる前後は、従妹にいろいろと、大変お世話になった。

家を買う

平成四年(一九九二年)遂に、待望の一軒家を買った。思えば、昭和四十四年(一九六九年)に上京して二十三年目で、やっと買えた。上京の際、自衛隊に入隊して、パンツ以外すべて久留米に送り返し、所持金は一万円前後だった。

とにかく、私は、父が連帯保証人の印を押したばかりに、家、土地がなくなり、それ以後は、借家生活が続いていた。私の第一希望は、私が生まれ育った、家、土地を買い戻すことだった。

しかし、その土地は八階建てのマンションが建築されており、私の経済力では買い取ることが不可能だった。久留米の父に相談したところ、父は「自分たちの家、土地を買いなさい」と言ってくれた。私は、二十三年間収入の一割を執念で貯金していた。債券貯蓄や、郵便貯金もしていた。それを頭金にして、足りない分は、銀行の住宅ローンより借りた。本当にこの二十三年間は、毎日毎日の努力の連続だった。それこそ、パンツ一丁からの出発だった。

一本の電話から

平成十四年二月頃、実母の兄の娘から電話があり、生まれて初めて話す割にはなれなれしい言葉使いだった。まず実母は、平成九年に亡くなったそうである。また実母が再婚した夫も、それ以前に亡くなったそうである。私にとっては、父親違いの実母の息子（弟）も平成十三年に亡くなったという知らせの電話であった。

ついては、役所に提出する書類、また、実母名義の家、土地の処分等についてという主旨であった。ただ、相手には、実母の亡夫の先妻の子が二人いた。実母名義の預金通帳も多少あった。私は頭が真っ白になって、なんと答えてよいか、すぐには判断できなかった。とりあえず、私の妻と九州に帰省し、私の実父の本家の従兄に相談し、三人で実母の残された家とお寺に行った。その後は、先妻の子どもとの話が複雑になり、裁判所で調停をおこなった。それがなかなか、話がまとまらず、私は東京で親しくしている弁護士と二度ほど、福岡の裁判所に行った。

弁護士よりこの一件は大部複雑で、即座に返答は出来ないと言われた。また、実母方の従姉と話し合いをしている最中にその従姉の顔が若干引きつり、手が微妙に震えていた。私は、これは何かあるだろうと思いながらも、黙って話を聞いていた。また、実母方の従姉から、相続を放棄してはどうかとも言われた。その時、私は「私にも家族があるので」ときっぱり断った。そして、父親違いの弟の件、実母の件、家、土地の件、預金通帳等を調べた。一番記憶に残っていることは、実母の名義の家の中で、仏壇以外は、全て、きれいにされていたことであった。

私は、父親違いの弟とはいずれ会えると思っており、家庭を持って、幸せに暮らしていると思っていた。しかし、独身者で一人暮らしをしていたらしい。最終的には、私自身、納得する形で終了した。

二度と思い出したくない出来事であった。ただ、私は帰省のたびに、実母と父親違いの弟が眠るお寺を参拝している。残された仏壇と位牌は、お寺に丁重に永代供養として、お預けした。

大腸がんになって

それは、余りにも突然の出来事だった。平成十九年の暮れ、私は職場の健康診断で便の鮮血反応にて陽性の結果が出た。精密検査を受診するようにとの通知があった。

私は平成二十年二月に豊島区にある胃腸専門病院に行った。先生に大腸カメラをやりましょうと言われ、私は痛くもかゆくもなく、食欲もあり、まして大腸カメラは生まれて初めての経験だが、軽い気持ちで検査を受けた。

下剤用液体を一リットル、少しずつ飲み、トイレに十回以上行き、大腸を空っぽにした。そして、おしりから大腸カメラを入れてもらった。私は健康には、自信があったので、大腸もさぞかしきれいなピンク色をしているものとして、信じていた。大腸カメラが奥に入るに従って、月面クレーターのようなものが現れた。私は先生に「これは何ですか」と聞いた。先生は「とにかく、先端の盲腸まで入れましょう」と言われた。そして、カメラを抜くときに、先ほどの月面クレーターの一部をつまみ、生検に提出した。

私は、余りにも異様な腫瘍だったので、とっさにこれはガンかもしれないと思い、頭が真っ白になった。また、看護師さんが、小さい声で「あの人はガンだよ」と話しているのが聞こえた。先生はとにかく組織を生検に出して、結果を聞くまでは一週間から十日かかるので、それまで待ってくださいと言われた。私は胃腸病院から帰る時、何故私がガンの疑いがあるのかと悩み苦しんだ。

約一週間後、突然胃腸病院から電話がかかってきた。そして、電話の内容は「今日、胃腸病院に来てください」とのことだった。私は「今日の今日は困るので、明日でも良いですか」と聞いて、翌日胃腸病院に行った。そこで、医師から「生検の結果、ガンが発生している」ということを聞いた。「一週間後に入院になります」とも言われた。私はその一週間の間、ガンの手術をした知人、友人、またかかりつけの近所の医者に相談した。みんなから、すぐ入院してガンを切り取った方がよいと言われた。

私は一週間後、腹をくくり、手術を受けるために病院の門をくぐった。入院して一週間は、徹底的な精密検査を受けた。手術当日は、妻がインフルエンザにかかり、病院から出入りを禁止されたので、娘が手術が終わるまで付き添ってくれた。息子は手術前日、泣きながら電話をしてきた。「お父さん大丈夫？」と言い、私は「お前は泣いているのか？」と聞いた。私は、子どもたちのためにも、絶対に長生きしなければならないと心に誓った。

妻はインフルエンザが完治してから、毎日、病院に来てくれた。妻は弁当を、私は病院食を食べた。手術から二、三日傷口が痛くて、咳が出来なかった。ゴホンゴホンと言うのが、小さい声で、コホンコホンとなった。看護師さんが、痰取り機を持ってきて、痰を機械で吸い取ってくれて、その日の夜はぐっすり眠れた。

入院は約三週間程度続いた。日に日に痛みも減り、食事もおもゆから、おかゆになり、普通食になった。病院の食事はおいしく、特に煮魚が美味しかった。退院して、当面は抗がん剤を飲みながら、一か月に一度通院した。三か月ほど通院した時、抗がん剤の副作用だと思うが、臭いがしなくなった。食事の味覚も分からなくなった。先生に相談したところ、いろいろな副作用、頭痛、頭髪が抜ける、めまい、吐き気、手足のしびれ等が出てくると言われた。私は先生から、薬を飲むことをしばらくやめましょうと言われた。

それから十年後の今日まで、抗がん剤は飲んでいない。今は、年に二回ほど病院に行き、検査を行っている。これは私自身やっていることだが、妻が作ってくれる人参ジュースを朝、夕飲んでいる。人参を中心に、リンゴ、レモン、バナナ、はちみつをミキサーにかけて飲んでいる。本当に顔色がよく、風邪も引かず肌がきれいになった。やがて臭いや味覚は回復した。

シベリア慰霊団参加について

平成十三年八月頃、私は英霊を顕彰する会の一員として、シベリア抑留者団体の先輩方と一緒に、慰霊の旅に出かけた。約二十名の方々の中には、お坊さんもいた。結団式は、新潟空港で実施し、ロシア航空機に乗った。驚いたことに、飛行機の中にハエが飛び回っており、床の絨毯が擦りむけていた。私は少々不安だったが、思い切ってそのままロシアのハバロスク空港に直行した。私は

到着後、バスで日本兵捕虜収容所跡を見て回り、地平線まで続く草原に行き「この草原のどこかに、日本兵の遺体が埋められている」と聞いた。その場所は特定できなかったので、日本から持ってきたお酒等をお供えして、またお線香を焚き、同行したお坊さんにお経をあげてもらった。その他、数か所の日本兵が埋められている可能性のある草原に行き、お参りした。

私は、ロシア人を身近で見て、男の人は大男で肩幅が広く、日露戦争で、よく日本兵はこのような大男と戦って、勝利を得たなあと思った。女の人は色は白く、目はグリーンで、きれいな人が多かった。バスで走行中、窓ガラスから外を見ていると、市内の中心地は確かにビルが多数あり、発展していたが、地方に行くと家は粗末で、時々通る車は日本では、廃車寸前の車が多かった。また、宿泊所から見た太陽の夕日が美しくて驚いた。三泊四日の慰霊の旅だったた

が、私は亡くなった日本兵の方々に『安らかにお眠りください』とお祈りし、帰国したのだった。

クエゼリン島参拝に参加して

平成二十四年クエゼリン島遺族会主催の巡礼訪問団に特別に参加させてもらった。何故、特別参加かと言えば、私の父がクエゼリン島の海軍守備隊の一員として、在島していたからである。私の父は、昭和十八年九月頃、海軍経理学校に合格して、内地に帰ってきたと聞いた。クエゼリン島では、中隊長の個室をお借りして勉強していたそうである。同島より、二名が内地に帰ってきたようだが、クエゼリン島は昭和十九年二月、玉砕したそうである。海軍関係で約五千人、陸軍関係でたまたま待機していた約千名、計六千人が玉砕したそうである。

父は生前、東京に来た時は必ず靖国神社に参拝していた。余りにも参拝するので、私は父に「何故、お父さんはそんなに、何度も参拝するの？」聞いた。すると、父は少し涙目になって「ここに来ると、鳥居のところに、戦死した同年兵の顔が、次から次へと出てくる」と言った。私はその時に、この靖国神社は戦死した兵隊さんたちの集まる特別の場所であり、特別の神社だと確信した。

クエゼリン島では、旧日本軍の司令部跡に行った。銃弾の跡が、数多く残っていた。また、さび付いた大砲や、機関砲がそのまま残っていた。そして最後に慰霊碑に行った。慰霊碑は米軍関係者のお陰で、きれいに整理されていた。そこで、マーシャル駐留米軍部隊の司令官がおいでになり、慰霊式を挙行した。私も弔辞を読み上げた。

私は父の代わりにここに来た。父は生前クエゼリン島に慰霊に行きたいと、何度も話していたが、米軍の軍事的関係において、来ることができなかった。まず私は父に代わって、中隊長殿より個室を貸していただいたことに、お礼を述べた。また同年兵の方々には、父は複雑な感情を持っていたということを、私自身、最近になって分かってきたことを率直に述べた。四泊五日の短い慰霊の旅であったが、グアム経由で無事に日本に帰国出来た。私は父に代わって、一度はクエゼリン島に行きたいと思っていたので、自分自身の心に納得できた。父は内地では、経理学校に入学し、終戦時には佐世保の海軍病院に勤務していたそうである。

ブータン王国旅行

平成二十八年八月、私たち夫婦はかつてから、憧れの国ブータンへと旅をした。

何故、ブータンに行くことを決心したかと言えば、ブータン国は長い間鎖国の国であった。それが、解放されて外国人が入国できるようになったからである。またブータン政府の特別の期間だけ補助金が出て旅費が安くなるので、私たちは思い切って行くことにした。

成田空港から、タイのバンコク経由で、インドのコルカタも経由して、パロ空港に六時間半かけて到着した。

パロ空港は小さな空港で、滑走路が二本しかない空港であった。首都ティンプーへ向かう道路には牛や犬がいて、車は牛をよけて通るほどであった。

ブータンの面積は日本の九州と同程度の面積であり、人口は七十六万人、首都ティンプーには十万人が暮らしている。

私たちのブータン旅行の目的は、何故ブータン国は幸せの国なのか、国民総幸福量（GNH）が一番高いのはどうしてなのかを、知ることでもあった。首都ティンプーは標高二四五〇メートルで、まず、ブータンの政治と宗教を司る、タシチョ・ゾンに行った。一本の釘も用いない木造建築は、柱や壁の装飾には魔除けの意味があるという。そこには、多数の僧侶を見た。ブータンの僧侶は非常に尊敬されていて、また、非常に大きな役割を持っているという。その僧侶が手にしていたのは、携帯電話であった。

そこから市場へ、米や野菜がたくさん並び売られていた。その後に、時計塔広場、郵便局へ行った。ティンプーの町は、日本の昭和の時代をなつかしむ感じで、民家の屋根はトタン板が多く、屋根の上にトウガラシを干している家が多かった。

次の日は、パロ谷へ。標高二五〇〇メートルでパロ川が流れ、手入れされていない山々は、まさに自然そのままである。川に渡された橋は金網で作られたもので、そこには旗がたくさん両側にかけられていた。ブータンの山や家、橋にかけられた旗は幸せを呼ぶものと考えられているという。

三日目にパロ谷から、九〇〇メートル上空（つまり標高三四〇〇メートル）にあるタクツァイ僧院まで登った。途中の山道は馬フンが転がっていて臭く、山道は細く、急な所も多くあった。トイレは中間地点に一か所あるのみで、往復六時間半かけて歩いて登り降りした。タクツァイ僧院は、パドマサンバヴァが瞑想したというチベット仏教圏屈指の聖地である。僧院内は、脱帽、カメラ等の撮影禁止で厳粛な気持ちで中に入っていった。

タクツァイとは「虎の巣」という意味で、八世紀後半に、グル、バドマサンバヴァが虎の背に乗ってチベットからここへ飛来したという。これがブータンへの仏教伝来説として信じられ、この僧院をブータン随一の聖地としている。

行く山道には、珍しい高山植物をたくさん目にすることができた。途中、マニ車という仏具を見た。日本にもクルクル回るのを手で触るのはあるが、同じく功徳が得られるようである。ハイキングを終えて、夕方、民家を訪問した。訪問した民家は田んぼの中にあって、各家庭には仏間があり、家族は毎日仏壇に手を合わせて拝み、仏様を大切にしている信仰心が厚いことがわかる。

伝統の焼き石のお風呂（＝ドツオ）というのは、長時間火で焼いた石を湯舟に入れて、お湯を沸かすもので、熱くなった湯には水を入れ、丁度良い温度にして入った。

夕食でそば打ちを出されたが、日本のそばの二倍くらいの太さの麺を油でいためて、野菜をいれ、トウガラシと調味料で味をつけしたものや、じゃが芋のチーズ煮（これは美味しい）、春雨と肉を煮たもの、赤飯（あかまい）が出されたが、とても口に合うものはなかった。そこの家は自給自足の生活をされているとのことである。

パロ谷とは農村地帯で、そこからダショー西岡記念館に行った。西岡京治という人は、二十八年間ブータンの農業分野の発展に貢献し、第四代国王から「ダショー」という称号を授与された。その西岡京治氏のお墓をお参りした。

西岡氏が来るまでのブータン人は、赤飯（あかはん）と少しの野菜だけしか食べなかった。西岡氏の農業指導により、じゃが芋、大根、リンゴ、白菜、アスパラガス、日本米ができるようになった。農業機械も導入するなど、農業改革に大いなる貢献した人なのであった。このようにブータンの人々に愛されたが、五十九歳で歯の病気が元で亡くなったとのことである。

私たちは、男性はゴ、女性はキラと呼ばれるブータンの民族衣装を着る機会を得た。その織物は一つひとつが手織りの生地で素晴らしい布地であった。

また、チャムという仮面舞踊も見ることができ、民族衣装と踊り、音楽に魅了された。

現地の小学生に写真を一緒に撮ろうと身振りで話し、一緒に写真を納めた。一人ひとりに日本円で約四十円のブータンのお金を差し出すと、大喜びで両手を上げて家に帰って走っていく姿があった。

私たちのブータンの旅は、ブータン国の西側のごく一部分しか観光しなかった。ブータン人が何故、国民総幸福量が高いのかという答えは、幸せとは、自分の持っているものを幸せに感じること。大らかでささいなことにも感謝の心を持ち、自分の幸せを求めず、人の幸せを願い、全世界の幸せを願うという仏教観からくるものだということが分かった。これは、今の日本の私たちに一番ないものではないかと、今回の旅行で一番感じたことであった。ブータンの人々の瞳は皆、きれいで、輝いていた。

後書き

今回の自分史『パンツ一丁からの出発』の執筆動機は友人の死にて、生ある者、必ず終わりがあることを悟ったからである。私たちは生きている、しかし、限界が来る。では、毎日どのように生きるか、ということが大切ではないだろうか。人それぞれ人生がある。世の中にはいろいろな人がいる。私の人生は、ほとんどの人が経験しない人生であったと思う。この自分史のほとんどが、ノンフィクションである。

私は子どものころ、よく大人に、私が大きくなったら、何か悪人になると言われた。現に高校時代のことを妻に話すと、笑い、そしてあきれて「私はとんでもない人と結婚したのね」と言われる。しかし、結婚して四十年以上、夫婦生活が不思議と続いている。仕事も転職せず、四十年間勤めた。田舎の友人は「おまえが、一つの職場に四十年以上続くとは・・・」と驚いている。

私は自分なりに考えた。やはり、自分自身、自覚したからである。多くの人は、普通の生活をしている。小学校時代の両親の離婚、知的障害を持つ弟、最後は目まで見えなくなった弟、連帯保証人で家、土地を銀行に差押えられた父。そして、長屋のような家に引っ越し、雨が降れば、雨漏り、畳を起こして、直接床下に雨水を流すこともあった。また、電気代が払えず、時々、電気が停止された。今思えば、本当に楽しくもあり、苦しくもある時代であった。

私は、物心がついたころから、将来、家、土地を買うと頑張ってきた。その為に毎月決まった日に収入の一割を郵便局に行き、必ず貯金をした。それは郵便局員が、びっくりするほどだった。本当にパンツ一丁からの出発だった。大多数は、健全な家庭である。その健全な家庭の集合体が国であると思っている。その健全な家庭の一戸になれたことには、妻に心より感謝している。

最後にこの本を製本するにあたり、ヒルトップ出版の藤様には、大変お世話になりました。厚くお礼申し上げます。

＊　尚、この自分史は個人名は一切記入していない。
『続、パンツ一丁からの出発』を予定している。

吉田　ヒロミツ

「自分史」パンツ一丁からの出発

2018年9月20日　発　行
2019年5月20日　第２刷

定価　本体 800円＋税

著　者　　吉田ヒロミツ

発行所　　ヒルトップ出版
〒192-0393 東京都八王子市東中野742-1
電話 042(674)3018　FAX 042(674)3047

印刷・製本　　中央大学生活協同組合 印刷係
E-mail: innsatu@coop.chuo-u.ac.jp

Ⓒ 2018 Hiromitsu Yoshida　Printed in Japan

ISBN978-4-904698-16-7　C0095　¥800E

落丁本・乱丁本はお取替いたします。